کوچه‌های مدینه با غم تو چه می‌کند

خون حسین ات با عرش عرشیان چه می‌کند

غریب زمین و آشنای افلاک

آخر در دانهٔ نبی بین در و دیوار چه می‌کند

مهناز واعظی

**السلام علیک یا فاطمه زهرا**

این کتاب اهدا می‌گردد به روح مقدس اُمّ اَبیها

**(حضرت زهرا سلام الله علیها )**

و به یاد مادرم:

بانو ستاره شریفی زاده

امید است با ذکر صلوات و قرائت فاتحه ای، روح آن عزیز از دست رفته قرین رحمت واسعه الهی قرار گیرد

التماس دعا

# چادر خاکی

اشعار مدح ومناجات با
حضرت زهرا سلام الله علیها

جلد اول

انتشارات کشتی نوح

ونکوور – کانادا

عنوان کتاب: چادر خاکی  (جلد اول)
ناشر:  موسسه چاپ و انتشارات کشتی نوح
نوبت چاپ: اول  –  پاییز ۱۴۰۱ خورشیدی
شمارگان: ۵۰۰۰
شابک: ۲-۵۲-۹۹۰۴۵۱-۱-۹۷۸
محل چاپ: ونکوور – کانادا

**مقدمه:**

مجموعه پنج جلدی «چادر خاکی» شامل سروده‌هایی در مدح حضرت زهرا (س) و در انتشارات کشتی نوح در ونکوور کانادا منتشر شده است.

«چادر خاکی» ۵ مجموعه‌ای در ستایش بانوی آب است و ستایش بانوی آب ستایش همه خوبیهاست، ستایش وفاداری و مهربانی است و ستایش نهایت بندگی کبریاست...

ستایش بانوی آب ستایش آیه «تطهیر» است، ستایش خانه‌ای گلین که فرش آن بهشت بی‌پایان خداست، سقف آن عرش رحمان...

و این خانه گلین همان خانه‌ای است که امیر زمین و آسمان‌ها بر خاک آستانه آن خفت و پدر خاک شد... و پیمان خانه‌ای است که پیامبر مهربانی هرگاه از سفر بازمی‌گشت نخست مشتاقانه به سوی آن می‌شتافت...

و این خانه گلین خانه رنج‌های تنهاترین مرد تاریخ علی و ایثار نورانی‌ترین بانوی آسمان‌ها زهراست...

این مجموعه به همت انتشارات کشتی نوح جمع آوری و تنظیم گردیده است و از این خانه می‌گوید و از روزی که نامحرمان هیزم بر در آن نهاد ند

کتاب «چادر خاکی» شامل اشعار مدح و مناجات مربوط به حضرت زهرا (س) است و هر مجلد در ۱۱۰ صفحه با شمارگان ۵۰۰۰ نسخه در انتشارات کشتی نوح منتشر شده است و درآمد حاصل از آن صرف امور خیریه خواهد شد

شاعر: علی ذوالقدر

رو کرد خدا قدرت پنهانی خود را
تا خلق کند حوری انسانی خود را

ابلیس بهشتی بشود گر بگذارد
بر خاک قدم های تو پیشانی خود را

هفتاد یهودی نه، که سلمان و ابوذر
مدیون تو هستند مسلمانی خود را

در بند غمت هر که اسیر است عزیز است
آزاد مکن یوسف زندانی خود را

چون مور اگر ریزه خور خوان تو باشیم
یک روز ببینیم سلیمانی خود را

ترسی ز اجل نیست به این شرط که باشیم
در روضه تو لحظه پایانی خود را

دل را به منای غم تو ذبح نمودیم
از ماد مسراِن همه قربانی خود را

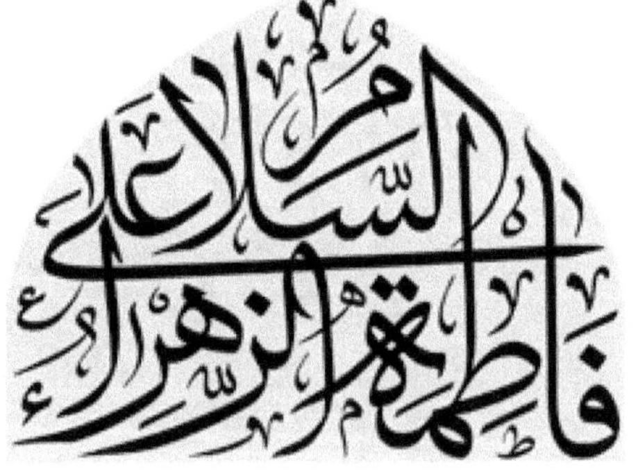

شاعر: مرحوم عبدالعلی نگارنده

کس نداند مقام زهرا را
تا نداند مرام زهرا را

کس نداند در اقتدا به رسول
جز علی اهتمام زهرا را... .

حضرت قائم از تبهکاران
می کشد انتقام زهرا را

ملک دوزخی اگر شنود
از نگارنده نام زهرا را

شنود این خطاب از یزدان
که رها کن غلام زهرا را

شاعر: سید پوریا هاشمی

شأن دستی که دخیل است به کوثر بالاست..

دست این دست به دامن شده محشر بالاست..

سوختن آب شدن بی کس و بی یار شدن

سختی عشق همینست رهش سر بالاست..

آنچه ساقی ازل داد همان مینوشم..

رتبه مستی ما از تب ساغر بالاست..

چون که خاک قدمت شد شرفش بخشیدند..

تا قیامت به همین مرتبه این سر بالاست

ما فقط زیر پر چادرتان آرامیم..

حس وابستگی طفل به مادر بالاست..

هر چه دارنده به خانه به گدا میبخشد..

خب طبیعیست شلوغی دم در بالاست..

قبل تو ننگ عرب، داشتن دختر بود

بعد تو میل به آوردن دختر بالاست

عالمی گفت که این خطبه تمام دین است

لطف زهراست فقط شیعه سرش کربلاست..

همه زندگی ات را به امامت دادی..

از زمین خوردن تو پرچم حیدر بالاست..

بر روی شهر جبرئیل فقط جای تو بود..

شاهد بندگی تو ورم پای تو بود.

شاعر: وحید محمدی

دل خوشی یعنی خدا را داشتن

در بهشت لطف او جا داشتن

بین سینه حب مولا داشتن

مادری مانند زهرا داشتن

دل خوشی یعنی دو دنیا مال ماست

روز محشر فاطمه دنبال ماست

بندگی یعنی عبادات شبش

ذکر تسبیحات بر روی لبش

سجده های غرق نور زینبش

آن حجابی که رسید از مکتبش

بندگی یعنی حجاب فاطمه

سجده های ناب ناب فاطمه

عشق یعنی خنده های فاطمه

پر گرفتن در هوای فاطمه

نوکری کردن برای فاطمه

با امید یک دعای فاطمه

عشق یعنی یک نگاه مادری

سرپناهی در پناه مادری

زندگی یعنی سکوتی پر سرور

انعکاس نور در سیمای نور

و بساط عاشقی ها جور جور

دور باد از زندگیشان چشم شور

زندگی یعنی بهشت بندگی

بندگی کردن برای زندگی

سادگی یعنی به کم ها ساختن

در تنور خانه نان را ساختن

و حصیری زیر پا انداختن

نه به دنیا و طلا دل باختن

سادگی یعنی دو لیوان گلی

وصله نعلین مولایم علی

شاعر: رضا رسول زاده

تا آسمانی هست پرواز است بالی هست

در دل امیدی هست تا راه وصالی هست

شکر خداوندی که با تو آشنایم کرد

در سجده می افتم که نورت این حوالی هست

درک مقامات تو و ذهن بشر، هیهات

دل خوش به این ماندیم که خواب و خیالی هست

سلمان شدن که نیست ساده، کار می خواهد

سه قرن اول انتظار حاکمالی هست

تو رحمت محضی و فیضت می رسد دائم

تا که نگاه لطف تو بر این اهالی هست

ما از تو ممنونیم ذره پروری کردی

قابل نبودیم و تو بر ما مادری کردی

راز شب قدری و قدرت را خدا داند

تو سرالاسراری و این را مصطفی داند

یعنی خدا شیرازه‌ی خلقت تو را خوانده
وقتی تو را محور بر آن جمع کسا داند

حیدر نبود، هم کفو تو پیدا نمی‌گردید
شأن تو را تنها علی مرتضی داند

از انبیا هم عصمت تو هست بالاتر
آری خدا این رتبه‌ی خیرالنسا داند؟

اول نمود اقرار ای مادر به فضل تو
هر کس که خود را سائل آل عبا داند

با عشق تو بانو گره خورده حیات ماست
روز قیامت مهر تو برگ نجات ماست

تو آسمان و یازده خورشید دنبالت
وقت سلوکت می‌رسد پیش خدا بالت

نامی ز حورالعین در آیات انسان نیست
این هم یکی از صد هزاران وصف اجلالت

وحی است گویا، احترامت واجب عینی است

وقتی که می پرسد نبی هر روز احوالت

شیرین ترین میوه هایت را به ما دادی

ما فکر دنیا و تو فکر محشر مایی

جبریل شد جبریل با یک میوه ی کالت

ما آرزومان چیست و تو چیست آمالت!

«حی علی خیرالعمل» یعنی ولای تو

یعنی که نیکی کردن بر بچه های تو

بوی خدا آید زهر جابگذری خانم

وقت عبادت از خدا دل می بری خانم

وقتی سفر می رفت پیش تو دلش می ماند

تو باعث دلتنگی پیغمبری خانم

تو از دواجت با علی امری الهی بود
خوشحال بودی که برای حیدری خانم

مریم زمان خود زنی برتر به عالم بود
تو از زنان هر دو عالم برتری خانم

گویند مردم کاش ما هم فاطمی بودیم
روزی که تو فرمانروای محشری خانم

پیش خدا خوش باش جای تو به دنیا نیست
با آن کمال اینجا برای روح تو جا نیست

نزد خدا دارای عز و اعتباری تو
ام ابیها شاه بیت روزگاری تو

تو حجت الله بر امامان، هستی ای مادر
می ماند آدم با مقاماتی که داری تو

تیغ دو دم یا که سپر، حیدر نمی خواهد
شیر خدا را هم سپر، هم ذوالفقاری تو

اما علی را باورش کی بود تا بیند
در هر کجای خانه اش لاله بکاری تو

محشر به هم می ریزد از یک سو حسین بی سر
از یک طرف هم دست عباست می آری تو

بر رشته های چادر تو دست اندازیم
بر این مقام نوکری آن روز می نازیم

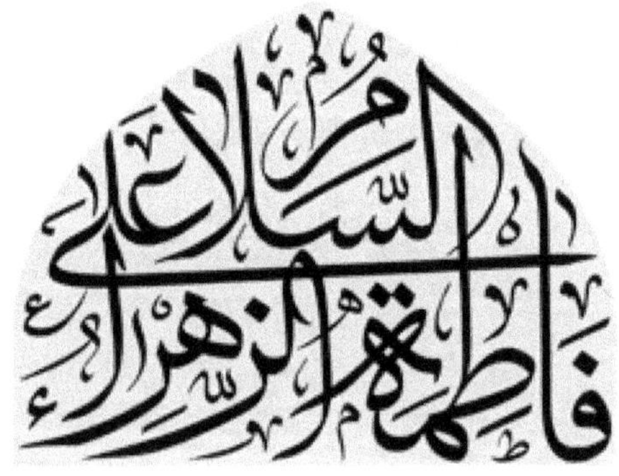

شاعر: سید محمد میرهاشمی

ای بهار عطوفت ای زهرا

ای شهید محبت ای زهرا

مشعل عاشقی ز تو روشن

ای چراغ هدایت ای زهرا

رحمت واسعه تو می باشی

بی کران، بحر رحمت ای زهرا

عشق تو می رهاند انسان را

از حضیض مذلت ای زهرا

ای که همپایه ی نبی باشی

به مقام و به رتبت ای زهرا

کوچک از بهر قامت روحت

خلعتی نبوت ای زهرا

تا خدایی تو راه طی کردی

در مسیر حقیقت ای زهرا

تو خدایی، پیمبری؟! نه، نه

ای امام کرامت ای زهرا

هیجده عالم وجودت را

هیجده دوره فطرت ای زهرا

مظاهر کمال و خیری تو

ای سراپا عنایت ای زهرا

علم کامل صحیفه‌ات باشد

ای سپهر فقاهت ای زهرا

چون تو در عالم جوانمردی

نیست یک با مروت ای زهرا

موج می‌زد همیشه در همه جا

در وجودت متانت ای زهرا

اشبه الناس بر نبی بودی

به جمال و جلالت ای زهرا

ای که بودی برای پیغمبر

دختری با درایت ای زهرا

بر نبی مهربان تر از مادر

بودی ام رسالت ای زهرا

مایه ی فخر خالق سبحان

سربلندی خلقت ای زهرا

بر سر مرد و زن خدا گونه

داری آری تو منت ای زهرا

قله های کمال را فاتح

بس که داری تو همت ای زهرا

همه مردان به پیش تو خاموش

ز تو گشته به حیرت ای زهرا

که دفاع از حریم خود کردی

درس آموز غیرت ای زهرا

مردی ابتذال از ناست

گرمی نور عفت ای زهرا

بیتت آن خانه‌ی گلی باشد

زادگاه امامت ای زهرا

خطبه‌هات کلام ربانی

همه لبریز حکمت ای زهرا

بی وضو نام تو نشاید گفت

دارد این آیه حرمت ای زهرا

نام پاکت چو در میان آید

دل شود پر حلاوت ای زهرا

تو همانی که روح ایثاری

ای خدای عطوفت ای زهرا

چشم اهل مدینه بر دستت

جود و احسان، مرامت ای زهرا

سائلی رد نشد ز درگاهت

بس که کردی اعانت ای زهرا

سائل کوی تو منم، دارم

طلب استعانت ای زهرا

ای که پیراهن عروسی خود

هبه کردی ز رأفت ای زهرا

بارها نان کودکانت را

داده ای با سخاوت ای زهرا

بارها خود گرسنه خوابیدی

بهر سیری امت ای زهرا

هر یتیم و اسیر و مسکینی

بهره مند از عطایت ای زهرا

بس که انفاق مال و جان کردی

آیه آمده به شأنت ای زهرا

هیچ کس جز علی تو را نشناخت

ای گل با طراوت ای زهرا

تو و مولا دو جسم و یک روحید

روح تابی نهایت ای زهرا

ای نمازت نیازی مت الله
کعبه‌ی آل عصمت ای زهرا

عالم دل ز عشق تو دارد
شور و شوق و ارادت ای زهرا

کاش بودم پرستوی کویت
کن دعایم اجابت ای زهرا

کاش من هم شبیه تو بودم
در کمال شجاعت ای زهرا

داشتم در وجود خود از تو
کاش کلی یک علامت ای زهرا

از در خانه‌ات چنان سلمان
طلبم استقامت ای زهرا

چادر وصله دار مشکی‌ات
پرچم مهدویت ای زهرا

ز طرب خانه‌ی دلم بگذر

هله پیر طریقت ای زهرا

به خداوندیت قسم مادر

کن نگاهی به طفلت ای زهرا

دست بشکسته‌ی تو می‌باشد

دستگیر قیامت ای زهرا

چشم محشر به نور تو خیره

بس که داری مهابت ای زهرا

شیعه‌ات از پل صراط آنجا

بگذرد در سلامت ای زهرا

می‌رهد دل ز آتش عصیان

گر کنی یک اشارت ای زهرا

ای بسیجی شهر پیغمبر

پاسدار ولایت ای زهرا

رزم تو در مدینه‌ی غربت

شد حدیث شهامت ای زهرا

کرده‌ای با نثار خون دلت

رهبرت را حمایت ای زهرا

تو گذشتی ز هستی‌ات آری

بیمه کردی شریعت ای زهرا

ای سکوتت بنای هر فریاد

بانوی با اصالت ای زهرا

مرقد مخفی‌ات کند رسوا

دشمنت تا قیامت ای زهرا

یاس دین بودی و خزان دیدی

در هجوم عداوت ای زهرا

لال آید به محشر آن کس که

بر تو کرده جسارت ای زهرا

وای حق تو و علی بردند

غاصبان خلافت ای زهرا

خصم رو در رویت ذلیل آری

داشتی بس که هیبت ای زهرا

روز بیعت تمام شرب دید

خصم را در حقارت ای زهرا

به خدا که تو سیف الاسلامی

بس که کردی رشادت ای زهرا

چه کسی بر رخ تو سیلی زد؟

که نمود این شرارت ای زهرا؟

ای شفیعه به یوم واﻧفسا

شیعه را کن شفاعت ای زهرا

سه صله خواهد از تو این دل خون

یک، ثبوت سیادت ای زهرا

کوثر آن دو حاجت دیگر

کربلا و شهادت ای زهرا

شاعر: سید پوریا هاشمی

دست و پا گیرم ولیکن دست و پا دارم هنوز
هر چه هستم باز هم طبع گدا دارم هنوز

سفره ات را می مکانی روزی ما می رسد
گر چه سیرم کرده ای میل غذا دارم هنوز

لطف مادر بهترین تمثیل از لطف خداست
تا به زیر چادرت، هستم خدا دارم هنوز

نان بی زنان تو خوردم که درستم کرده است
در تنور خانه ات دارالشفا دارم هنوز

خانه ات جارو کشی می خواست من جارو کشم
کار اگر اینجا کنم یعنی بها دارم هنوز

گفته ام در قبر بگذارند روی سینه ام
دستمال گریه بر داغ تو را دارم هنوز

در نمازم هم به روی شانه ام شال عزاست
من به یمن شال مشکیتان عبا دارم هنوز

با همان یک دست من را یاد کن بین قنوت
مستمندم بی کسم عرض دعا دارم هنوز

باز هم در خانه ام عطر فدک پیچیده است
چون که از خرمای باغت چند تا دارم هنوز

هر کجا ذکر تو شد بر من حسین الهام شد
در میان روضه ات غار حرا دارم هنوز

مادر ارباب اذن کربلایم را بده
در دل دیوانه داغ کربلا دارم هنوز


من بدم می آید از درها که بدوانیشوند
نفرت از مسمار و از این چیزها دارم هنوز


بعد تو دیگر علی را هیچکس خندان ندید
طعنه هم میزد کسی میگفت عزادارم هنوز

شاعر: مسعود یوسف پور

دست دست اس تو نان داد همه دنیا را

کرمش برد پی شغل گدایی ما را

قرص خورشید همان نان سر سفره ات بود

رفت تا پر کند از گندم تو بالا را

پرورش داد در این فاصله‌ی هجده سال

نظرم امّ ابیها یی تو بالا را

سایه ات نیز نیفتاد به دیوار محل

سایه ات نیز ندید آدم نابینا را

یک نخ از وصله‌ی آن چادرتان کافی بود

که مسلمان بکند کل یهودی ها را

خواست روشن بشود عرش، خدا فرمان داد

بنویسند در اطراف زمین زهرا را

بنویسند تو از زمره‌ی تابان علی

بنویسند که خورشید تویی جان علی

بنویسند تو را مادر پیغمبرها

بنویسند تو را عشق همه حیدرها

بنویسند که از صبح ازل تا امروز

نرسیده ست به پابین قدومت پرها

ذوالفقار علی و تیغ کلام تو یکیست

خطبه‌ای خواندی و لرزید همه پیکرها

بهتر آنکه بنویسند چه شد افتادی

یا چه شد شعله کشیدند ز داغت درها

بنویسند چه شد فضّه خدینی گفتی

بگذارید بدانند چه شد نوکرها

تنگی کوچه پر و بال تو را اذیت کرد

وای از افتادن یکمرتبه بی مادرها

رد خون مرده گی بال و پرت خوب نشد

تو زمین خوردی و حال پسرت خوب نشد

شاعر: محسن حنیفی

صحبت از دستی که رزق خلق را می داد شد
هر کجا شد حرف از بانو، به نیکی یاد شد

گردش تسبیح او افلاک را تدبیر کرد
از پر سجاده اش روح القدس ایجاد شد

او که جای خود، گلوبندش اسیر آزاد کرد
حرم از یمن ادب بر نام او آزاد شد

روضه رضوان، رضای حضرت صدیقه است
از گل سرخ لباس او، فدک آباد شد

یعنی نازک برای روضه اش آورده ام
وقت پروازش پرستویی اسیر باد شد

با پر زخمی دعاگوی شب همسایه بود
دست او روزی رسان خانه صیاد شد


این در آتش گرفته نیز حاجت می دهد
این در آتش گرفته، پنجره فولاد شد


روضه مظلومه، بعد از رفتنش مکشوفه شد
تا مصیبت خوان کوچه صورت مقدا شد


بعد پیغمبر اگر چه با تبسم قهر بود
لحظه ای با دیدن تابوت، زهرا شاد شد


طعنه ها، او را عروس خانه ی تابوت خواند
قاسم او نیز زیر سنگها داماد شد

اشگهایش گاه می‌گوید حسن، گاهی حسین
گریه‌های آخرش موقوفه اولاد شد

مریم آمد تا شریک گریه‌ی کوثر شود
روضه او کاف و هاء و یاء و عین و صاد شد

شاعر: عباس احمدی

دیده آنگاه که با اشک ملاقات کند
رزق هر گریه طلب از مادر سادات کند

گریه هر کس نکند معرفتش کامل نیست
«گر چه صد مرحله تحصیل اشارات کند»

روز محشر که همه دیده گریان دارند
نوکر فاطمه آن روز مباهات کند

می زند از قفس عالم خاکی بیرون
هر که با سینه زنی سیر سماوات کند

یا علی گفتم و با منکر زهرا گفتم
بر ود توبه کند ترک عبادات کند

این چه سرّی است که در «بضعه منی» جاری است
که جهان حیرت از این کشف و کرامات کند

وصف نور تو نه در حدّ زبان بشر است
که خدای تو فقط قدر تو اثبات کند

آه و افسوس که این قوم نشد بعد رسول
حرمت اشک تو را خوب مراعات کند

زخم پهلوی تو با قلب علی کاری کرد
سالها گریه بر این عمق جراحات کند

آن که سیلی به تو زد، هیزم دوزخ باشد
همه شب تا به سحر گر چه مناجات کند

شاعر: محمد جواد الهی پور

عالم اسیر جزر و مد بی قراری اتت
طوفان چه کرده با دل دریا کناری اتت

رخ در محاق برده ای ای ماه نیمه جان
نیلی شده ست روی تو از زخم کاری اتت

دریای صبر... کوه نجابت... شکوه عشق
حیرت زده ست عاشقی از بردباری اتت

در راه عشق صرف نظر کردی از وجود
جان جهان فدای ولایتمداری اتت

تشبیه تو به هر چه به جز تو قشنگ نیست
پیش رخ تو نیلی دریا که رنگ نیست

در خانه سادگی و صفا موج می زند
در هر طرف حضور خدا موج می زند

لب بسته ایم و ناله ی دلهایمان بلند

در این سکوت محض، صدا موج می زند

مادر کنار پنجره پهلو گرفته است

بابا میان اشک و دعا موج می زند

سجاده ات دریچه ی بازی ست رو به عرش

در آن عبادت دو سرا موج می زند

گر چه دلش از آ نهمه غم در تلاطم است

با این وجود وقت دعا فکر مردم است

کوه از غم تو دست به پهلو گرفته است

با ناله ات زمین و زمان خو گرفته است

از بازوی شکسته نگفتی که تشکند

گررا از توقوت بازو گرفته است

ای چادر تو اوج حجاب و عفاف زن

از کور، مثل تو چه کسی رو گرفته است؟

در پرده های عصمتی و خانه ی تو نور

امروز شمع عمر تو سوسو گرفته است

از خانه‌ی تو نور به افلاک می‌رود

جان ابوتراب سوی خاک می‌رود

سرمایه‌ی سلاله‌ی نور و امامتی

امّید ناامیدی روز قیامتی

مدیون بخشش تو مدینه... نه... عالم است

آغاز بخششی و تمام کرامتی

آتش کجا و دیده‌ی گریان ماتمت

لبخند سربلندی روز ندامتی

با پهلوی شکسته به دنبال مرتضی

چشم جهان ندیده چنین استقامتی


باید در عاشقی به شما اقتدا کنیم

رخصت گرفته‌ایم که مادر صدا کنیم

شاعر: محمد حسین رحیمیان

چه افتخار بزرگی، گدای فاطمه ایم
همیشه ملتمسین دعای فاطمه ایم
چه خوب شد که غلام وفای فاطمه ایم
مقلدان ره فضه های فاطمه ایم


تمام عمر نشستیم زیر پرچم او
همیشه روی لب ماست اسم اعظم او
خدا به خاطر او داده است ما را جان
به لطف حضرت زهرا شدیم با ایمان
رسیده خیر کثیرش به جمع ماهر آن
اگر نبود، نبودیم حیدری الآن


هوای حیدریون را همیشه دارد او
رویم سمت جهنم ؟! نمی گذارد او

ندیده ایم زنی را از و خدایی تر

ندیده ایم از و شیعه ای ولایی تر

برای حضرت مولا از و فدایی تر

ز فاطمه احدی نیست مرتضایی تر


به جرم اینکه شعار علی علی سر داد

میان شعله ی یک عده بی وفا افتاد


برای اینکه نگویند علی شده بی یار

کشیده حضرت ریحانه زحمت بسیار

شکست حرمت او بین آن در و دیوار

غریب بود میان چهل نفر اشرار


زبان ز گفتن این ماجرا حیا کرده

برای حضرت مولا پسر فدا کرده

نوشته اند که بد کینه ها زدند او را

به پیش چشم علی بی هوا زدند او را

برای کشتن شیر خدا زدند او را

مغیره های مدون حیا زدند او را

هزار روضه ناگفته آمده سر او

سه ماه گریه ی خون بود کار بستر او

ازین زمانه بی رحم خسته بود سه ماه

عزا گرفته ی آن دست بسته بود سه ماه

برای دیدن مرگش نشسته بود سه ماه

شنیده ایم که پهلو شکسته بود سه ماه


شبی نبود که مرگ از خدا طلب نکن

برای غربت دلدل * سوار تب نکند


* نام اسب امیرالمومنین علیه السلام

شاعر: مهدی علی قاسمی

افضل الاعمال من گریه برای فاطمه است
برکت این زندگی از روضه های فاطمه است


درس توحیدم بود زهراشناسی، زین سبب
می پرستم آن خدایی که خدای فاطمه است


منکر این روضه ها! بشنو که گفته رهبرم
روزی یک سال کشور در عزای فاطمه است


چشم دل واکردم و دیدم که قرآن خدا
آیه هایش یک به یک مدح و ثنای فاطمه است


هیچ کس با پای خود در مجلس روضه نرفت
هر کجا روضه بود، مهمانسرای فاطمه است

گر چه باشد قبر او مین قلوب شیعیان
عالم امکان ولی دولتسرای فاطمه است


خلقت جنت برای شیعه‌ی حیدر بود
نار، جای منکرین بی‌حیای فاطمه است


بین قبرم دو ملک تا سینه‌ام را بو کنند
پیش خود گویند: «به‌به، این گدای فاطمه است»


روز محشر سینه‌زن هایش شفاعت می‌کنند
این شفاعت برکت شال عزای فاطمه است


نیست ذکری برتر از ذکر شریف فاطمه
افضل الاعمال من گریه برای فاطمه است

شاعر: حسن لطفی

دنبال بهاریم بهاری که نداریم

دریاب زمین را به قراری که نداریم

این چشم بیار به غباری که نداریم

دنبال مزاریم مزاری که نداریم


عزمی بده تا مرز جهادی تو باشیم

ای کاش بیایی و منادی تو باشیم


عزم من و تو جزم شد و کارگر افتاد

دشمن به عقب رفته و از پشت سر افتاد

تا پای فشردیم از عالم سپر افتاد

با آل علی هر که در افتاد ور افتاد


ماسخره‌ی سختیم که از باد نلرزیم

این درس به ما مادر ما داد نلرزیم

هر جا که بلند است به زیر قدم ماست
بر هر چه سر تیغ است شکوه علم ماست
هر بیش که دارند در این پهنه کم ماست
موجیم که آسودگی ما عدم ماست

ما درس جز از محضر اسلام نگیریم
ما زنده به آنیم که آرام نگیریم

هر باد مخالف شده جوشن به تن ما
هر تیر توان داد به برخاستن ما
با ماست همیشه نفس بت شکن ما
در سایه‌ی زهراست تمام وطن ما

این خصم زبون است اگر مرد دهنی کرد
وین سیره‌ی زهراست که دشمن شکنی کرد

بانو چه شگفت است هبوطی که تو داری
قدر است چه قدری ملکوتی که تو داری
صد رشته تفات است قنوتی که تو داری
آرامش دریاست سکوتی که تو داری


دریای علی، غیرت طوفانی ات عشق است
ای مردترین مرد، رجز خوانی ات عشق است


دریای علی درد به بال و پرت افتاد
از دست خزان ساقه ی نیلوفرت افتاد
هر شام و سحر بر سر شاخه سرت افتاد
خون بود که از زخم تو بر بسترت افتاد


این چوب مرا کشت که شد نوبت تابوت
گهواره نشد قسمت و شد قسمت تابوت

با تو حقدر رایحه گلخانه‌ی من داشت
این نسل کنار تو فقط میل زدن داشت

قبل از زدنت خنده به لب نیز حسن داشت
افسوس که این غنچه‌ی کوچک سه کفن داشت


این ساعت آخر بنشین زار بگرییم
بر غارت پیراهن و دستار بگرییم

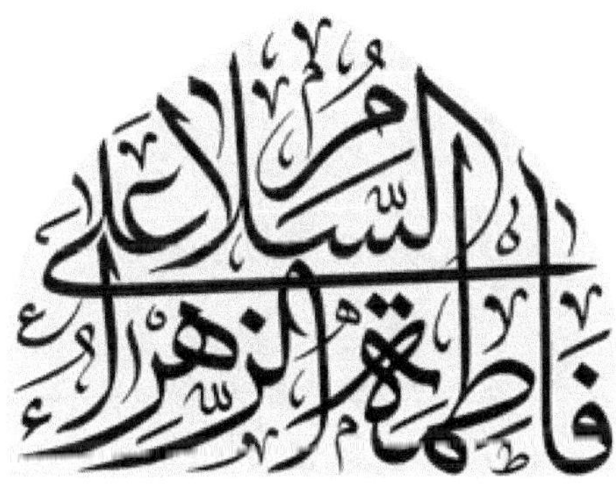

شاعر: سید پوریا هاشمی

گندم از دستۀ دستاس تو برکت دارد
دست لطف تو به هر چیز محبت دارد

بی وضو دست به نام تو زدن جایز نیست
نام تو عصمت محض است قداست دارد

سائل آمد در این خانه و حاتم برگشت
در کرم حضرت صدیقه قیامت دارد

توبه نه سالکیت ام ابها شده ای
حرف ما نیست بگوییم، روایت دارد

ماجرای ورم پای تو در وقت نماز
متواتر شده از بس سندیت دارد

روز محشر همه بر پا و تو بر ناقه سوار

تا بدانند همه فاطمه حرمت دارد


خوش بحالش که کنیزی شمارا میکرد

واقعاً فضه چه اندازه سعادت دارد


بر دلِ ماست که مانوس به زهرا شده ایم

خاک بوسی درش حکم عبادت دارد


گریه روز و شبت تاب ز مردم برده

از تو بی بی در و همسایه شکایت دارد


دل از غصه کباب تو مرا آتش زد

بیت الاحزان خراب تو مرا آتش زد

شاعر: سید هاشم وفایی

تمام عمر ز داغت گریستم زهرا
خدا گواست که با گریه زیستم زهرا

به انزوای غریبانهٔ علی شب و روز
چو شمع سوخته جانی گریستم زهرا

توئی که عزّت و نامی مرا عطا کردی
وگرنه بی تو ندانم که کیستم زهرا

نه عاشقم که بگویم مدینه عشق من است
نه رهروم به طریق تو چیستم زهرا

ز یا فکنده مرا بار معصیت امروز
چگونه پیش تو فردا بایستم زهرا

قبول می‌کنی اکنون بخوانمت مادر
اگر چه آنچه که خواهی تو نیستم زهرا


بگیر دست «وفائی» خسته را در حشر
که بر حسین تو عمری گریستم زهرا

شاعر: محسن حنیفی

بهشت جلوه ای از سایه سار این دو نفر
جهنم است نبودن کنار این دو نفر


نماز شفع پیمبر علی و فاطمه اند
نماز شب شده شب زنده دار این دو نفر


طلا غبار قدمهای فضه خادمشان
گرفته فضه عیار از عیار این دو نفر


گره نخورده به دست طناب قصه شان
نبود دست کسی اختیار این دو نفر


وقار کوه احد هم شکست در کوچه
کشیده شد به زمین تا وقار این دو نفر

میان غربت غمبار خانه خورشید

نبود میخ در خانه یار این دو نفر


علاوه بر در خانه زدند زهرا را

نشد رعایت تقسیم کار این دو نفر


به غیر آتش سوزان تب، به غیر از درد

نبود هیچ کسی غمگسار این دو نفر


بجای میخ در خانه که ندارد شرم

خمیده‌ام، شده‌ام سوگوار این دو نفر

شاعر: مهدی مظلومی

ما را گدای حضرت زهرا نوشته‌اند
اصلاً برای حضرت زهرا نوشته‌اند

میلی به پادشاهی عالم نمی‌کنیم
وقتی گدای حضرت زهرا نوشته‌اند

تقدیر و سرنوشت تمامی شیعه را
با بچه‌های حضرت زهرا نوشته‌اند

روز الست با قلم شاه اولیا
ما را فدای حضرت زهرا نوشته‌اند

حتماً زمان مردن ما را بدون شک
در روضه‌های حضرت زهرا نوشته‌اند

حتی مکان مردن ما هم مشخص است
در زیر پای حضرت زهرا نوشته اند

شکر خدا که رزق جنون دل مرا
زیر لوای حضرت زهرا نوشته اند

ایام فاطمیه خدا هم کمانی است
این را خدای حضرت زهرا نوشته اند

شکر خدا که بعد محرم دوباره باز
ماه عزای حضرت زهرا نوشته اند

ذات خدای لم یلد بی شریک را
در ابتدای حضرت زهرا نوشته اند

شاعر: محمد ناصری

از روز ازل دلبر ما حضرت زهرا
این پای تو و این سر ما حضرت زهرا

افسوس که با خاک همه انس گرفتیم
بسته شده بال و پر ما حضرت زهرا
ای کاش بسوزیم و بسازیم و بریزد
در پای تو خاکستر ما حضرت زهرا
بر دفتر دل از تو نوشتیم که شاید
امضا بزنی دفتر ما حضرت زهرا
دادیم به حکاک عقیق دل و گفتیم
حک کن به روی انگشتر ما حضرت زهرا

بی بی قدمی رنجه نما از سر احسان
این پای تو و این سر ما حضرت زهرا

شاعر: احمد ایرانی نسب

وقتی نبی نموده مکرر سلامتان
واجب شده ست بر همگان احترامتان

از این سر مدینه و تا سوی دیگرش
ریزه خورند بر سر خوان طعامتان

شأن نزول آیه ی تطهیر می شوی
بالاتر از تمام دنیا مقامتان

تو اولین شهیده ی راه ولایتی
شد کربلا اداده ی راه قیامتان

از دست ما که کار به جایی نمی رسد
اشک علی به زخم شما التیامتان

تو مادر تمامیه خوبان عالمی
تو کوثر علی و رسول معظمی

سیلی که مزد کار پیمبر نمی‌شود
عارض ادب به ساحت دختر نمی‌شود


شاید خیال کرده عدو قبل آمدن
یک زن حریف اینهمه لشکر نمی‌شود


سیلی، غلاف و شعلهٔ آتش و هجمه‌ها
داغی به وسعت کمر در نی شود


مقتل بخوان به‌ برای دل همپاره‌ام
حالم از اینکه هست که بدتر نمی‌شود


با ضربه‌ای که به پهلوی زهرا شکسته شد
دیگر غرور حضرت مولا شکسته شد

زهرا را میان کوچه گرفتار می‌شود
آیینه‌ی علی که رخت تار می‌شود

یک سمت صورتت که فدک را بهانه کرد
سمتی دگر که قسمت دیوار می‌شود

هجده بهار عمر تو دارد حکایت از
هجده سر بریده که بر دار می‌شود

قد خمیده‌ی تو پس از سالهای سال
در دختران قافله همکار می‌شود

دارم میان روضه زمین گیر می‌شوم
یا فاطمه زمانم تو پیر می‌شوم

با خاک چادرت دل ما را مکان بده

مادر مزار مخفی خود را نشان بده


وقت حساب کردن اعمال شیعیان

یا فاطمه بیا و به ما هم امان بده


در اول بهار شهید خزان شدی

پس لاله های غم سر مراهم خزان بده


اصلاً قرار نیست که ما را رها کنی

امشب بیا و به مرمند دلمرده جان بده


با گریه های فاطمیه زنده می شوم

هر دفعه من ز لطف تو شرمنده می شوم

شاعر: غلامرضا شکوهی

توان واژه کجا و مدیح گفتن او؟
قلم قناری لنگی ست در سرودن او

کشاندنش به صحاری شعر ممکن نیست
کمیت معجزه لنگ است پیش توسن او

چه دختری، که پدر پشت بوسه هامی دید
کلید گلشن فردوس را به گردن او

چه همسری، که برای علی به حظّ حضور
طلوع باور معراج داشت دیدن او

چه مادری، که به تفسیر درس عاشورا
حریم مدرسه‌ی کربلاست دامن او

بمیرم آن همه احساس بی‌تعلق را
که بار پیرهنی را نمی‌کشد تن او

دمی که فاطمه تسبیح گریه بردارد
پیام می‌چکد از چلچراغ شیون او

از آن زدیده‌ی مادر حجاب خواهد ماند
که چشم را نزند آفتاب مدفن او

شاعر: محمد حسین رحیمیان

این زندگی بی عاشقی معنا ندارد

ای وای بر آنکه دل شیدا ندارد

هر کس که اینجا شهرتش عاشق نباشد

روز قیامت نامه اش امضا ندارد

آن که عبادت کرده اما بی محبت

جایی میان عالم بالا ندارد

آن قدر دین آمد که گوید ایها الناس

بیچاره آن که حضرت زهرا ندارد

هر کس نگفته فاطمه، روز قیامت

بر لب نوایی غیر واویلا ندارد

هر جا است حرف فاطمه آنجا بهشت است

والله این دنیا و آن دنیا ندارد

بدبخت آن که نیست زهرا مادر او

باید بسوزد در جهنم پیکر او


ما فاطمیونیم چیزی کم نداریم

ما فاطمیونیم در دل غم نداریم

ما درد خود با هر کس و ناکس نگوییم

غیر از علی و فاطمه محرم نداریم

هر کس به زیر سایهٔ لطفی نشسته

ما سرپناهی غیر این پرچم نداریم

معنی انسان میشود محتاج زهرا

جز سائلان فاطمه، آدم نداریم

دنیا اگر با فاطمه مأنوس گردد

اصلاً گرفتاری در این عالم نداریم

وقت خوشی یا غصه‌ها اصلاً امیدی

جز دختر پیغمبر اکرم نداریم

ما را همیشه داده این مادر خجالت
بیش از پدر مادر به ما کرده محبت

تو کیستی دنیاست حیران مقامت
بر سیزده معصوم، واجب احترامت
بین زمین و آسمان هامی درخشد
پیغمبری که روزها داده سلامت
تو ورد لبهای امیرالمومنینی
خیلی تعصب داشت بر نامت امامت
الحق تویی بانوی از ما بهتران و
صاحب نفس های همه عالم غلامت
من مطمئنم ذره را خورشید کردند

آن قوم که با معرفت بردند نامت

در آفرینش مادری دیگر ندارد

اندازه‌ات فرزندهای با کرامت


بالاتر از درک کند کل بچه‌هایت

مثل تو بی همتا، حسین و مجتبایت


هر روز عمرت، بخشش و ایثار کردی

با مهربانی با همه رفتار کردی

بر تو پیمبرزادگی خیلی می‌آید

تو زندگانی محمدوار کردی

حق بزرگی گردن هر شیعه داری

تاریخ را از فتنه‌ای هشیار کردی

خسته نباشی قهرمان بی نشانه

خیلی برای عزت ما کار کردی

هر جور میشد پای دینت ایستادی

تو دشمنان مرتضی را خوار کردی

داری چه توفیقی تمام هست خود را

نذر جناب حیدر کرار کردی


ای مرجع تقلید عشاق ولایت

ما را نکن محروم از فیض شهادت


ای بهترین سرچشمه فیض الهی

محکم تر از تو من ندارم تکیه گاهی

آورده ام ناگفته ها را محضر تو

دارم دوباره التماس یک نگاهی

ناواردم من آمدم سوی تو امشب

بلکه برایم از خدا حاجت بخواهی

مادر غریبه نیستی راحت بگویم

جان حسینت خسته‌ام از رو سیاهی

آن قدر گیرم این ضریح چادرت را

تا که بیفتم در مسیر سر به راهی

ای کاش تو قسمت کنی من هم بگردم

یک عمر دور خانه‌ات مانند آهی*

قربان آنکه پیش تو عمری گذا شد

روح از تنش با اسم فرزندت جدا شد

* مرحوم حاج علی آهی

شاعر: رضا اسماعیلی

من از تو می‌خواهم بگویم، واژه‌ها پر... 
از آسمان سبز، از فصل کبوتر

من از تو آری، از تو ای بانوی باران!
باید بهاری سبز بنویسم به دفتر

اما چگونه؟ از تو گفتن کار سختی‌ست
با این زبان الکن و این روح ابتر!

من شاعری تاریک تاریکم، چگونه
در محضر آیینه بنشینم منوّر؟!
گاهی دلم لک می‌زند قرآن بخوانم
قرآن، سه رکعت نور، یعنی: فصل کوثر

گاهی دلم می‌خواهد زندگی شعری بگویم

شعری شبیه نورتان، سبز و معطر


دست و دلم می‌لرزد اما... کار من نیست

غمگین، قلم را می‌گذارم روی دفتر


من عاجزم از خواندن آیات نورت

طبع مراد در مکتب نورت بپرور


در جان من حکمت بریز، ای جوهر نور

تا از کراماتت بگویم بار دیگر


باید بخوانم من تو را با لهجه‌ی نور

باید ببینم من تو را با چشم حیدر

تو بای بسم الله دین، توحید نابی
ذکر لبان عارف ات: الله اکبر

در تو شکوه بندگی را می توان دید
ای آبروی قبله و محراب و منبر

انسانیت، حکمت نشین مکتب توست
شاگرد دانشگاه تو، سلمان و بوذر

نامت بلند است ای دلیل آفرینش
تو کیستی؟ بانوی دین، زهرای اطهر

شاعر: محسن زعفرانیه

دوباره شد وجود من اسیر و مبتلای تو
مثل همیشه این قلم دم زند از وفای تو

عرض ادب به ساحت شما روانه می‌کند
قافیه‌های این غزل خلق شده برای تو!

مادر آب، می‌شود دعا کنی برای من؟
که رفته تا عرش خدا ندای ربنای تو!

یک نفس ز چادرت به سر من بینوا ببخش
حاجت من همین شده هر سحر از خدای تو

خاتم أنبیاء خودش گفت به محضر شما
مادر من تو هستی و پدر شود فدای تو

شرح مقاماتان فقط آیه‌ی وحی می‌شود
سوره‌ی کوثر هدف شد مدح تو و ثنای تو

خشت به خشت قلب من خورده سند به نامتان
گوشه چشمی بنما، دست من و عطای تو!!

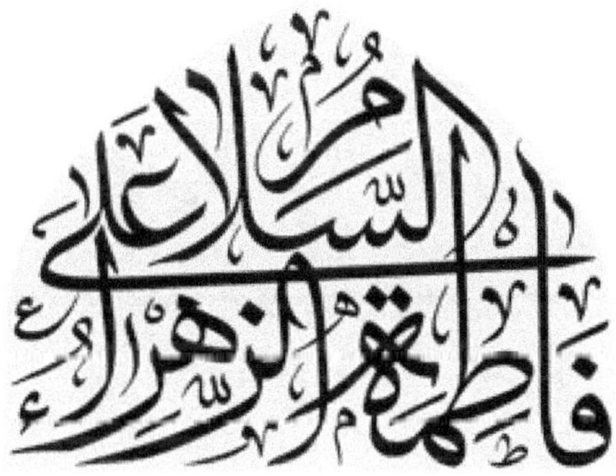

شاعر: غلامرضا سازگار

ای ز تو پیغامبران را اشرف

لؤلؤ و مرجان خدا را صدف

راضیه و مرضیه و عالمه

سیده النساء یا فاطمه

آینه‌ی سیرت ختم رسل

دانش کل عصمت کل عقل کل

دختر دین مادر دین کیست تو

نور سماوات و زمین کیست؟ تو

مام دو عیسای مسیح آفرین

بر دو مسیحت ز مسیح آفرین

وصف تو و مدح تو خیرالکلام

مادر سادات علیک السلام

مادر روحانی روح الامین

ذریه ات ستارگان زمین

روح علی جان محمد تویی

سوره ی فرقان محمد تویی

دست خدا دست به دامان توست

مادری ختم رسل شان تو است

بوسه که ختم رسل دست تو

نفس محمد شده پابست تو

آیه تطهیر گل دامنت

هست خدا بیشتر از بودنت

عمر تو ای مادر ماکم نبود

نور تو بود و همه عالم نبود

دخت نبی مادر آدم سلام

سیده النساء عالم سلام

دریم غم ها به علی نوح کیست؟

بین دو پهلوی نبی روح کیست؟

روح عبادات سلام علیک

مادر سادات سلام علیک

مصحف مهر تو کتاب همه

درس حجاب تو حجاب همه

جنت موعود پیمبر تویی

آرزوی احمد و حیدر تویی

حسن تو نقش قلم ابتداست

سینه‌ی پاک تو بهشت خداست

پیک خدا فخر کند بر همه

این که منم هم سخن فاطمه

جان نبی در بدنی فاطمه

محور هر پنج تنی فاطمه

کعبه دهد تکیه به دیوار تو

چشم علی تشنه به دیدار تو

صورت تو سیرت پیغمبر است

صحبت تو حرف دل حیدر است

مصحف ناخوانده‌ی حق صدر تواست

لیله قدری که نهان قدر تواست

ای همه دم ذکر خدا بر لبت

روح علی محو نماز شبت

کعبه‌ی دل‌هاست سراپایت هنوز

پشت سر ماست دعایت هنوز

کشور ایران حرم پاک توست

هر و جنبش قصه‌ای از خاک توست

ای کرمت شامل حال همه

مادر سادات بنی فاطمه

نعمت هستی نمک فاطمه‌ست

ملک الهی فدک فاطمه ست

ای که به خاک تو فدک گم شده

بین سپاه تو ملک گم شده

یاس کبود از اثر خارها

حیف که کشتند تو را بارها

وصف تو اینگونه به ما رسیده

ایتها الصدیقة الشهیده

اجر رسالت شرر نار شد

یار تو تنها در و دیوار شد

دیو کجا غرفه‌ی حور کجا؟

شعله کجا صورت زهرا کجا؟

سرو علی گر چه قدت خم شده

پشت ولایت ز تو محکم شده

مادر یازده ولی کیست؟ تو

فدایی راه علی کیست تو

آتش به جانت تو دل عالم است

شعله‌ای از آن نفس میثم است

شاعر: سید پوریا هاشمی

وسع کم داشته را لطف فراوان باید

از عطش سوخته را رحمت باران باید

تا به اوج کرم دست کریمان برسیم

سر در معرفت سوره‌ی انسان باید

گل اگر میل به گلدان نکند می‌میرد

سر سودازده را شوق بیابان باید

لطف این طایفه به خون جگری وابسته‌ست

شانه تا که برسد زلف پریشان باید

مادری کن که به این ما دریت محتاجیم

کودکی کم شد اگر، کرمی دامان باید

گر چه مالکه‌ی نگیم و مضافیم همه

دور سجاده‌ی تو کرم طوافیم همه

انبیایی که کرامات مکرر دارند
چشم امید به یک جلوه ی کوثر دارند


آسمانی شده ها در تب و تاب اینند
کمی از خاک قدم های تو بر دارند

تا بخواهی در این خانه کنیز آوردیم
نذر تو قوم عجم هر چه که دختر دارند

فاطمه جلوه مولاست، علی جلوه ی او
این دو آیینه به هم حسن برابر دارند

ذکر تسبیح تو هر لحظه به روی لب ماست
مست ها دائماً انگیزه ی ساغر دارند


آیه با زیر عبا رفتن تو نازل شد
پنج تن با قدم فاطمه محور دارند

دل به دست تو سپردیم طلا پس دادی
باز هم بیشتر از حد گدا پس دادی


می‌نویسم سر خط یا علی و یا زهرا
قافیه ساختم از نام علی یا زهرا

آسمان روی زمین و پدر خاک علی
حضرت کوثر ما، مادر دریا، زهرا

سپر محکم هر غصه‌ی پیغمبر علی
راحت جان علی، جوشن مولا، زهرا

حشر اسرا و قلم، فاطر و زلزال علی
کهف یس نبأ و واقعه طه، زهرا


نور الانوار علی، مخزن الاسرار علی
سر مستور شده، باطن و معنا، زهرا

پیش عالم همه جا عالمه باید باشد

هر کجا هست علی فاطمه باید باشد


شأن دستی که دخیل است به کوثر بالاست

چون که غوغای تو در وادی محشر بالاست


سوختن، آب شدن، بی کس و بی یار شدن

سختی عشق همینست، رهش سربالاست

تا ز تو دور شدم گریه کنان برگشتم

حس وابستگی طفل به مادر بالاست

هر چه داری به خانه، به گدا می‌بخشید

خب طبیعت شلوغی دم این در بالاست

خطبه‌ی مسجد تو شهد تمام دین است

لطف زهراست فقط، شیعه سرش گر بالاست

همه‌ی زندگی‌ات را به امامت دادی

از زمین خوردن تو، پرچم حیدر بالاست


بر روی شهپر جبرئیل فقط جای تو بود

شاهد بندگی تو ورم پای تو بود


طی شده فاطمیه، روضه به پا هست هنوز

داغ تشیع تت بر دل ما هست هنوز

علت خانه‌نشینی علی معلوم است

رد خون، بر روی مسمار بجا هست هنوز

بچه‌ها بعد تو از خواب و خوراک افتادند

بین یک شانه زمویت، دو سه تا هست هنوز

زینبت برد ز تو ارث زمین خوردن را

دختری منتظر کرب و بلا هست هنوز

می‌رسد نوبت آن لحظه که در روز دهم

بدن شاه به گودال رها هست هنوز

دور تا دور تنش پر شده از اهل زنا

اثر تیر جدا، نیزه جدا هست هنوز


آتش خیمه همان آتش پشت در بود

سر بر نیزه همان زخم سر مادر بود

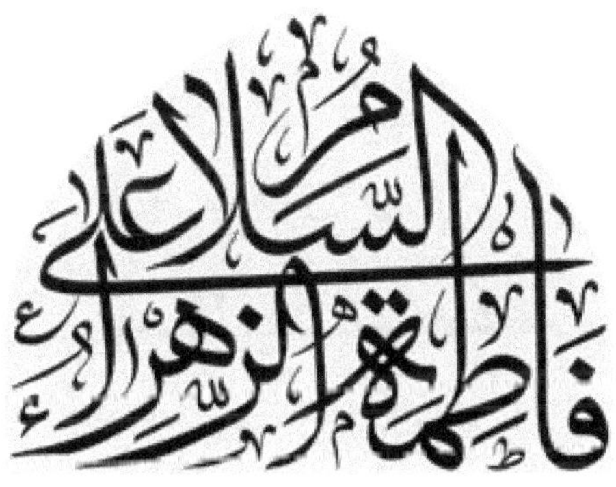

شاعر: غلامرضا سازگار

اعطای حق به ختم رسل چیست؟ کوثر است
کوثر وجود اقدس زهرای اطهر است

زهرا یگانه لیله قدری که قدر او
مخفی چو علم غیب خداوند اکبر است

زهرا که نقطه نقطه به دست و جبین او
آثار بوسه‌های مدام پیمبر است

زهرا که کفو نفس رسول خدا علی است
زهرا که حیدر است چو او، او چو حیدر است

زهرا که قدر و عزت و جاه و جلال او

از صد هزار مریم عذرا فراتر است


انسیه ای که از ملک و حور و جنّ و انس

هر کس که نیست خاک درش خاک بر سر است


ممدوحه ای که ذات خداوند ذوالجلال

اورا به مصحف نبوی مدح گستر است


زهرا علیمه، طاهره، زهره، محدثه

زهرا همان بتول، بتول مطهر است


بر مادرش سلام که حق گویدش سلام

بر شوهرش درود که ساقی کوثر است

این است آن گلی که گلابش ائمه اند

این است آن سپر که ساداتش اختر است

این مادر است مادر کل پیمبران

این دختر است، دختر اسلام پرور است

در دامن خدیجه رسول مجسّم است

در بوسه‌ی رسول بهشت مصور است

بر روی او نگاه علی موج می‌زند

از بوی او مشام محمد معطر است

آیینه‌ی تمام نمای خداست این

خود بر هزار نام خداوند مظهر است

در حشر آفتاب شود سایه‌ی بهشت
بر هر کسی که سایه‌ی زهراش بر سر است

پرونده گناه شود برگه‌ی بهشت
زیرا که شخص فاطمه خاتون محشر است

قبرش دل علی و دل شیعه‌ی علی است
کی گفته در میانه‌ی محراب و منبر است

دست نبی گرفت شب دفنش از علی
یعنی که این امانت خلّاق داور است

به الله قسم! کبودی آن یاس مصطفی
با سرخی عذار محمد برابر است


آن تازیانه را به رسول خدا(ص) زدند
کو را روان پاک محمد به پیکر است


با آنکه کوه کوه جرم و گناهش بود به دوش
«میثم» هماره چشم امیدش به این در است

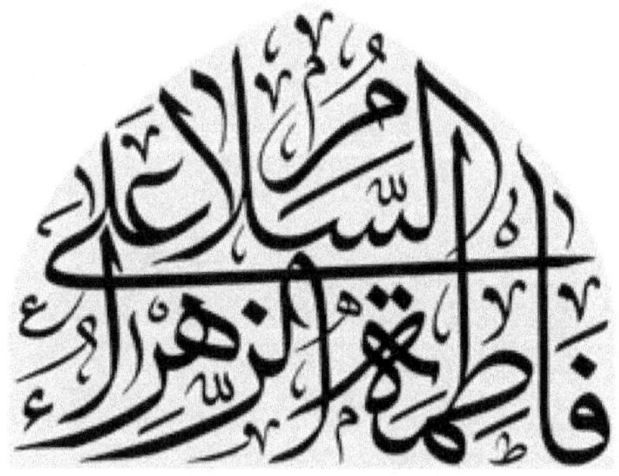


حضرت زهرا(س).- مقتل.- آخرین کلام های پیامبر(ص)، با فاطمه(س)

## فاطمه تو اولین کسی، هستی که به من ملحق می شوی

شیخ طوسی در امالی به سندش از عبدالله بن عباس روایت کرده

هنگامی که وفات پیغمبر اسلام صلی الله علیه و آله و سلّم نزدیک گردید آن حضرت به قدری که محاسن مبارکش تر شد. عرض

شد: یا رسول الله! چرا گریه می کنی؟ فرمود: برای ذرّیه و فرزندانم و آن ستمهایی که از جفاکاران امّتم بعد از من به ایشان می رسد.

می گریم. گویا می بینم دخترم فاطمه زهرا بعد از من مظلوم واقع شده، هر چه صدا می زند: یا اَبتاه! احدی از امّت من به فریاد او نمی رسد.

وقتی فاطمه این مطلب را شنید، گریان شد، پیغمبر اکرم به وی فرمود: دخترم، گریان مباش! فاطمه گفت: پدر جان! من برای ظلم هایی

که بعد از تو خواهم دید گریه نمی کنم، بلکه برای فراقت اشک می ریزم، پیغمبر فرمود: دخترم، مژده باد تو را! زیرا تو اولین کسی، هستی که در

میان اهل بیتم به من ملحق خواهد شد.

متن عربی:

عن عبدالله بن العباس قال لمّا حضرت رسول الله ص الوفاة بکی حتی بلت دموعه لحیته فقیل له یا رسول الله ما یبکیک قال ابکی للذریّتی

و ما تصنع بهم شرار امتی من بعدی کانّی بفاطمه بنتی و قد ظلمت بعدی و هی تنادی یا ابتاه فلا یعینها احد من امتی فسمعت ذلک فاطمه س

فبکت فقال رسول الله ص لا تبکین یا بنیّه فقالت لست ابکی لما یصنع بی من بعدک و لکنّی ابکی لفراقک یا رسول الله فقال لها ابشری یا

بنت محمّد بسرعة اللحاق بی فانّک اول من یلحق بی من اهل بیتی.

امالی طوسی ،ج ۱ص ۱۹۱– بحار الانوار، ص ۲۸ص ۴۱ شماره ۴– اثبات الهداه،ج ۱ص ۵۷۲ شماره ٬ ۲۱۷

## حال حضرت زهرا(س) بعد از وفات پیامبر(ص) و وصیت های حضرت

روایت شده که حضرت زهرا(س) بعد از فوت پدر بزرگوارش دائماً سر خود را می بست، جسمش ناتوان بود، قوّت خود را از دست داده بود، چشمانش گریان و قلبی سوخته داشت، ساعت به ساعت غش می کرد و به حسنین علیهما السّلام می فرمود:

پدر (یعنی جدّ) شما که شما را اکرامی می داشت و مرتّب شما را در آغوش می گرفت کجاست؟ کجاست آن جدّ شما که از همه مردم بیشتر به شما مهربان بود، نمی گذاشت که روی زمین راه بروید، افسوس که هرگز نخواهم دید جدّ شما در خانه مرا باز نماید و شما را به دوش خود بگیرد، در صورتی که دائماً این عمل را انجام می داد.

سپس حضرت زهرا(س) مریض شد و مدت چهل شب بیماری او ادامه پیدا کرد.

آنگاه امّ ایمن و اسماء بنت عمیس و علی علیه السّلام را خواست و به علی(ع) سه وصیّت کرد:

۱- با امامه دختر خواهرش ازدواج نماید، زیرا که او فرزندان حضرت زهرا را دوست می داشت.

۲- از برای حضرت فاطمه تابوت سازد، زیرا ملائکه صورت تابوت را به او نشان داده بودند و آن بانو اوصاف آن را برای حضرت امیر شرح داد.

۳- احدی از آن افرادی که در حق آن بانو ظلم کرده بودند در تشییع جنازه اش حاضر نشوند و بر جنازه اش نماز نخوانند.

## خبر دادن پیامبر (ص) از مصیبت های حضرت زهرا (س)

شیخ صدوق در امالی از ابن عبّاس رحمه الله روایت کرده که رسول خدا صلّی الله علیه وآله وسلّم فرمود:

فاطمه دختر من برترین زنان از اوّلین تا آخرین آنهاست. فاطمه زهرا پاره تن من است.

زهرا نور دو چشم من است. زهرا میوه قلب من است. زهرا روح و جان من است. زهرا حوریّه ای است که به قیافه انسان در آمده. هنگامی که فاطمه در مقابل پروردگار خود در میان محراب عبادت می استد نور او برای ملائکه آسمان نظیر نور ستارگان از برای اهل زمین می درخشد. خداوند به ملائکه خود می فرماید: ای ملائکه من! به فاطمه که برترین کنیزان من است نظر کنید که چگونه در مقابل من قرار گرفته است. اعضاء و جوارح او از خوف من می لرزند.

فاطمه با توجه قلبی مشغول عبادت من شده است من شما را شاهد می گیرم که شیعیان وی را در امان می گذارم.

سپس پیامبر خدا فرمود: هرگاه زهرا را مشاهده می کنم، آن ستمهایی به یادم می آید که بعد از من در حق او خواهد شد. گویا می بینم که ذلّت داخل خانه وی شده باشد. احترامش از دست رفته باشد. حقّش را غصب کرده باشند. از دریافت ارث خود ممنوع شده باشد.

پهلوی او شکسته شده باشد. جنین وی سقط شده باشد و او فریاد می زند!

وامحمّداه! ولی کسی به دادش نمی رسد، استغاثه می کند ولی کسی به فریادش نخواهد رسید. لذا بعد از من دائماً محزون، غصه دار و گریان خواهد بود، گاهی یاد آور می شود که وحی از خانه اش قطع شده، گاهی

مفارقت مرا به خاطر خواهد آورد، شهبا برای اینکه صدای تلاوت قرآن مرا در نماز شب نمی شنود دچار وحشت خواهد شد. سپس خویشتن را بعد از آنکه در ایام پدر عزیزترین افراد بود ذلیل خواهد دید.

در همین زمان است که خدای رئوف ملائکه را مونس فاطمه قرار می دهد. ایشان فاطمه را به همان گونه ندا می کنند که حضرت مریم را ندا کردند و به وی می گویند:

ای فاطمه! خداوند تو را از میان زنان جهانیان انتخاب کرده است. ای فاطمه! فرمانبردار پروردگار خویش باش و با افراد سجده کننده و رکوع کننده سجود و رکوع نمای. سپس درد و بیماری بر او غلبه خواهد کرد. آنگاه خداوند سبحان مریم بنت عمران را می فرستد تا پرستار و مونس فاطمه باشد.

در همین حال است که فاطمه می گوید:

پروردگارا! من از زندگی سیر شده و از مردم دنیا بیزارم، مرا به پدرم ملحق نما! خدای توانا او را به من ملحق می نماید، زهرا اوّل کسی است از اهل بیت من که به من ملحق خواهد شد. فاطمه زهرا در حالی که محزون، غصّه دار، مغموم، با حقّی غصب کشته و شهید شده، بر من وارد خواهد شد،

من در آن هنگام می گویم:

بار خدایا! هر کسی را که به فاطمه ظلم کرده باشد لعن کن! آن کسی را که حقّ زهرا را غصب نموده باشد عقاب و عذاب کن و آن کسی را که فاطمه را ذلیل کرده باشد، ذلیل کن! آن کسی را که ضربه به پهلوی فاطمه زد به طوری که بچه خود را سقط نمود، او را در دوزخ جاودانی کن! ملائکه می گویند: آمین!

عایشه نقل می کند که پیامبر(ص) در بیماری که منجر به وفاتشان گردید فاطمه (س) را خواست و کلامی را به صورت پنهانی به وی فرمود که به واسط آن فاطمه (س) گریست، سپس دوباره او را خواند و کلام پنهانی دیگری به وی فرمود که این بار فاطمه (س) به واسط شنیدن آن خندان گردید. از ایشان علت این گریه و خنده را پرسیدم؛ فرمود: پیامبر(ص) به من خبر وفات خود را داد که من گریان گردیدم سپس مرا خبر داد که اولین کسی که از خانواده به وی ملحق می شود من هستم که این مرا شاد کردانید.


در کتاب ابن شاهین آمده که ام سلمه و عایشه از حضرت زهرا(س) علت گریه و خنده اش را پرسیدند. حضرت فرمود: پیامبر(ص) به من خبر وفات خود و اینکه به فرزندانش سختی و مصیبت می رسد را داد که به واسط آن گریان شدم، سپس به من فرمود که تو اولین نفر از خانواده ام هستی که به من ملحق می شوی که به واسط آن خوشحال شدم.

## آخرین اذان بلال برای حضرت زهرا(س)

شیخ صدوق رحمه الله در من لا یحضره الفقیه روایت کرده است: هرقتی پیغمبر خدا(ص) از دنیا رحلت نمود بلال از گفتن اذان خودداری کرد، و گفت: من بعد از پیامبر خدا(ص) برای احدی اذان نخواهم گفت.

روزی فاطمه زهرا(س) فرمود: دوست دارم صدای اذان مؤذن پدرم را بشنوم. و چون این سخن به گوش بلال رسید، مشغول گفتن اذان شد. هنگامی که بلال دو مرتبه گفت: الله اکبر، حضرت فاطمه(س) به یاد روزگار پدرش رسول خدا افتاد و نتوانست از گریه خودداری نماید. و زمانی که بلال گفت: اشهد ان محمّدا رسول الله، فاطمه علیها السّلام صیحه ای زد و با صورت خود سقوط و غش کرد! مردم به بلال گفتند: از گفتن اذان خودداری کن! زیرا فاطمه(س) دختر پیغمبر(ص) رحلت کرد. مردم فکر کردند که فاطمه(س) از دار دنیا رفته است! بلال اذان را تمام نکرده قطع نمود. پس از آنکه فاطمه زهرا(س) به هوش آمد به بلال گفت: اذان را تمام کن. ولی بلال نپذیرفت و به آن حضرت گفت: ای برترین زنان! من از اینکه هرگاه صدای اذان مرا می شنوی و این همه ناراحت می شوی می ترسم. لذا حضرت فاطمه علیها السّلام وی را معاف نمود.

شیخ صدوق رحمه الله در کتاب خصال، به سندش از امام صادق علیه السّلام روایت کرده:

افرادی که فوق العاده گریه کردند پنج نفر بودند: آدم، یعقوب، یوسف، فاطمه، دختر حضرت محمّد صلّی الله علیه وآله وسلّم و علی بن الحسین علیهم السّلام. حضرت آدم از فراق بهشت به قدری گریه کرد که اثر اشک در دو گونه مبارکش نظیر جوی باقی ماند. حضرت یعقوب به قدری از فراق یوسف گریه نمود که چشمان خود را از دست داد و بدو گفتند: به خداوند سوگند یوسف را از خاطر نخواهی برد تا آنکه افسرده یا نابود گردی.

حضرت یوسف به قدری برای پدرش یعقوب گریست که اهل زندان ناراحت شدند و به وی گفتند: یا باید شب گریان و روز ساکت شوی و یا اینکه روز گریان و شب ساکت باشی.

یوسف با یکی از پیشنهادهای ایشان موافقت نمود.

حضرت فاطمه (س) در فراق پیغمبر به قدری گریه کرد که اهل مدینه خسته و ناراحت شده به او گفتند: تو به واسطه کثرت گریه ات ما را اذیّت می‌کنی. لذا حضرت زهرا(س) از مدینه خارج و به سوی قبر

شهدا می‌رفت، وقتی ناراحتی‌های قلبی خود را با گریستن خالی می‌کرد به سوی مدینه باز می‌گشت.

حضرت علی بن الحسین علیهما السّلام مدت بیست یا چهل سال بر حضرت حسین گریست. هیچ غذایی در مقابل آن حضرت نمی‌گذاشتند مگر اینکه گریان می‌شد.

کار آن حضرت به جایی رسید که یکی از غلامانش به وی گفت: ای پسر رسول خدا! فدای تو شوم، من می‌ترسم تو خود را (به واسطه کثرت گریه) هلاک نمایی! فرمود: چاره‌ای نیست جز اینکه از غم و اندوه خود به خداوند شکایت کنم. من چیزهایی را می‌دانم که شما نمی‌دانید. من یادآور قتلگاه فرزندان فاطمه علیها السّلام نمی‌شوم مگر اینکه گریه راه گلویم را مسدود می‌کند.

بنام خداوند بخشنده مهربان

این وصیت نامه دختر رسول خداست در حالی وصیت می کند که شهادت می دهد خدایی جز خدای یگانه نیست ومحمد (ص) بنده ورسول اوست وبهشت حق است وآتش جهنم حق است وروز قیامت که هیچ شکی در آن نیست فرا خواهد رسید و ذات الهی جمیع مردگان را از قبور برانگیزاند و زنده گرداند وهمه را وارد محشر فرماید.

ای علی من فاطمه دختر حضرت محمد هستم خدا مرا به ازدواج تو درآورد تا در دنیا و آخرت برای تو باشم و تو از دیگران بر من سزاوارتری. علی جان حنوط و غسل و کفن کردن مرا در شب به انجام رسان و شب بر من نماز بگذار و شب مرا دفن کن و هیچ کس را اطلاع نده. اینک با شما وداع می کنم و بر فرزندانم تا روز قیامت سلام و درود می فرستم.

منبع:

بحارالانوار، جلد ۴۳، ص، ۲۱۴

## تشییع و تدفین جنازه حضرت زهرا(س)

در تاریخ طبری می نگارد: فاطمه علیها السّلام شبانه دفن شد، و غیر از عبّاس و علی (ع) و مقداد و زبیر کسی در تشییع جنازه آن بانو حاضر نشد.

در روایت ما نقل شده که: حضرت علی (ع)، حسن (ع)، حسین (ع)، عقیل، سلمان، ابوذر، مقداد، عمار و بریده، بنا به روایتی: عباس و پسرش فضل و طبق روایت دیگر حذیفه و ابن مسعود به جنازه آن حضرت نماز خواندند.

اصبغ بن نباته می گوید: از حضرت علی (ع) درباره اینکه فاطمه شبانه دفن گردید خواستند، فرمود: به علّت اینکه فاطمه زهرا(س) بر گروهی خشمناک بود و راضی نبود که آنان برای تشییع جنازه اش حاضر شوند. و بر کسانی که آنان را دوست نداشته باشند حرام است که بر جنازه احدی از فرزندان فاطمه نماز بخوانند.

روایت شده: حضرت علی قبر فاطمه علیها السّلام را با زمین یکسان نمود.

گفته اند: علی علیه السّلام تعداد هفت قبر شبیه به قبر فاطمه تشکیل داد که قبر آن بانو شناخته نشود.

روایت شده که چهل قبر برای حضرت زهرا ترتیب داد تا قبر واقعی آن بانو تشخیص داده نشود و کسی حتی بر قبر او نماز نخواند.

## تشییع و تدفین جنازه حضرت زهرا (س)

در تاریخ طبری می نگارد: فاطمه علیها السّلام شبانه دفن شد، و غیر از عبّاس و علی (ع) و مقدا دو زبیر کسی در تشییع جنازه آن بانو حاضر نشد.

در روایت ما نقل شده که: حضرت علی (ع)، حسن (ع)، حسین (ع)، عقیل، سلمان، ابوذر، مقدا د، عمار و بریده، بنا به روایتی: عبّاس و پسرش فضل و طبق روایت دیگر حذیفه و ابن مسعود به جنازه آن حضرت نماز خواندند.

اصبغ بن نباته می گوید: از حضرت علی (ع) درباره اینکه فاطمه شبانه دفن گردید جویا شدند، فرمود: به علّت اینکه فاطمه زهرا (س) بر گروهی خشمناک بود و راضی نبود که آنان برای تشییع جنازه اش حاضر شوند. و بر کسانی که آنان را دوست نداشته باشند حرام است که بر جنازه احدی از فرزندان فاطمه نماز بخوانند.

روایت شده: حضرت علی قبر فاطمه علیها السّلام را با زمین یکسان نمود.

گفته اند: علی علیه السّلام تعدا د هفت قبر شبیه به قبر فاطمه تشکیل داد که قبر آن بانو شناخته نشود.

روایت شده که چهل قبر برای حضرت زهرا ترتیب داد تا قبر واقعی آن بانو تشخیص داده نشود و کسی حتی بر قبر او نماز نخواند.

ابوجعفر طبری امامی در دلائل الامامه از امام صادق علیه السّلام روایت کرده است:

حضرت فاطمه علیها السّلام روز سه شنبه، سوم ماه جمادی الثّانی سال یازدهم هجری از دنیا رحلت نمود. علّت وفات آن حضرت همان ضربه ای بود که قنفذ غلام عمر به امر او وارد کرده بود.

حضرت زهرا به علت آن ضربه محسن را سقط نمود و بدین جهت به شدّت بیمار شد و اجازه نداد احدی از آن افرادی که وی را اذیت کرده بودند نزد او وارد شوند.

آن دو نفر که از اصحاب پیامبر خدا بودند (ابوبکر و عمر) از حضرت علی علیه السّلام تقاضا نمودند نزد فاطمه برای ایشان شفاعت نماید.

حضرت امیر برای آنان اجازه گرفت و به حضور آن حضرت رفتند و گفتند: ای دختر پیغمبر! حال شما چطور است؟

فرمود: خدای را شکر، خوبم. آنگاه به ایشان فرمود: آیا نشنیدید که پیامبر خدا می فرمود: فاطمه پاره ای از تن من است، کسی که او را اذیت کند مرا اذیت کرده و کسی که مرا اذیت کند خدا و ندا را اذیت کرده؟ گفتند: شنیده ایم.

فرمود: به خداوند سوگند که شما مرا اذیت کرده اید. آنان از نزد فاطمه خارج شدند در حالی که آن بانو

همچنان بر آنان خشمناک بود.

محمّد بن همام می‌گوید: روایت شده: حضرت فاطمه در روز بیستم ماه جمادی الآخر از دنیا رحلت نمود. عمر مبارکش هجده سال و هشتاد و پنج روز بود. حضرت علی علیه السّلام آن بانو را غسل داد. به هنگام غسل دادن وی غیر از حضرت علی علیه السّلام، حسنین علیهما السّلام، زینب، امّ کلثوم، فضه خادمه و اسماء بنت عمیس کسی دیگر حضور نداشت. آنگاه جنازه آن بانو را شبانه با حضور حسنین علیهما السّلام به جانب بقیع حمل نمودند و نماز بر بدن مبارک خواندند. کسی از فوت ایشان مطّلع نشد. احدی از مردم بر بدن آن بانو نماز نخواند مگر آن افرادی که گفته شد. علی علیه السّلام بدن مبارکش را در روضه مقدسه دفن و موضع قبرش را پنهان کرد. صبح آن شبی که فاطمه علیها السّلام را دفن نمودند اثر چهل قبر جدید در قبرستان بقیع مشاهده می‌شد.

قلب قرآن سوره کوثر زمین افتاده است

برترین بانوی عالم رکن دین افتاده است

شعله ور شد در به دست ابتران روزگار

دختر ختم رسولان در کمین افتاده است

میثم بدرخانی

# Chador Khaki

## Vol. one

Poems of praise and prayers with
Hazrat Zahra, peace be upon her

Copyright © 2022 by Kashti Nooh Publishing Institute



Published by: Kashti Nooh Publishing Institute
Vancouver, BC **CANADA**
Email: Info@kashtinooh.com
www.kashtinooh.com

Ordering Information:
Quantity sales. Special discounts are available on quantity purchases by universities, schools, corporations, associations, and others. For details, contact the "Sales Department" at the above mentioned email address.

Chador Khaki, Vol.1 - 1st ed.
ISBN  978-1-990451-52-2      Paperback

# Chador Khaki

## Vol.1

*Poems of praise and prayers with Hazrat Zahra, peace be upon her*

Kashti Nooh Publishing Inst.

Vancouver, BC CANADA